Vorwort

Draußen wird es wieder kälter, die Nächte werden länger.
Weihnachten steht vor der Tür. Alles duftet nach
Plätzchen und Kuchen. Zeit zum Zaubern! Mit dem
Thermomix TM 5 gelingt alles ganz einfach. Ich
wünsche Ihnen ganz viel Spaß mit meinen Rezepten.

Herstellung und Verlag:
BoD - Books on Demand, Norderstedt
ISBN 978-3-7386-6271-0

1

Inhaltsangabe

Apfel Spekulatius Marmelade
Pflaumen Lebkuchen Marmelade
Apfel Zimt Ingwer Marmelade
Brombeeren Rum Marmelade
Datteln Schokolade Marmelade
Weihnachts Creme Cappuccino
Gewürz Likör
Marzipan Likör
Weihnachts Apfelmus
Kokosmilch Eierlikör
Schoko Rum Verführung
Marshmallows Likör
Weiße Schokolade Sahne Likör
Brombeere Likör
Holunder Likör
Erdbeertraum
Kokos Rum Bowle
Erfrischende Fruchtbowle
Kiwi Sorbet Bowle
Pina Colada Bowle
Süße Habanero Sauce
BBQ Sauce
Kürbis Pesto
Walnuss Tomaten Pesto
Steinpilzbutter
Zwiebelkuchen
Pizzakugeln
Zucchini Feta Muffins
Gulaschsuppe
Kokos Rote Linsen Suppe
Waldpilzsuppe
Blumenkohl Prosecco Suppe

Pastinaken Suppe
Hackfleisch Käse Lauch Suppe
Wirsingsalat
Kartoffelsalat
Fleischsalat
Guacamole
Thunfisch Frikadellen
Lachs Frikadellen
Krebsfleisch Frikadellen
Mascarpone Eierlikör Creme
Erdbeere Himbeergeist Creme
Batida de Coco Bananen Creme
Käse Plätzchen
Pflaumen Walnuss Rum Gugelgupf
Orangen Cake Pops
Eierlikör Schoko Muffins
Amaretto Macarons
Hefezopf
Kartoffelbrot
Dinkel Kürbis Brötchen
Eierlikör Kuchen im Glas
Weiße Schokolade Himbeere Rum Pralinen

Spritzgebäck mit Marzipan

Zutaten
250 g Butter
100 g Zucker
250 g Marzipanrohmasse
1 Ei
120 g Speisestärke
280 g Mehl
1 Teelöffel Backpulver
1 EL Zitronensaft
1 Prise Zimt

Zubereitung
Alle Teigzutaten in den Mixtopf geben. Auf Stufe 5/ 30 Sekunden mixen, danach auf Teigstufe 2 Minuten kneten. In eine Gebäckpresse füllen und ein mit Backpapier ausgelegtes Blech geben. Bei 180 Grad ca. 18 Minuten backen.

Dänische Gewürzkekse

Zutaten
250 g Butter
200 g Zucker
125 g Zuckerrüben Sirup
80 g gehackte Mandeln
80 g gehacktes Zitronat
1/2 TL gemahlene Gewürznelken
2 TL gemahlener Zimt
1/2 TL. Ingwerpulver
7 g Pottasche
1 Pck. Vanillezucker
500g Mehl

Zubereitung
Alle Teigzutaten in den Mixtopf geben. Auf Stufe 5/ 30 Sekunden mixen, danach auf Teigstufe 2 Minuten kneten. 1 Stunde in den Kühlschrank stellen. Auf eine mit Mehl bestäubten Fläche ausrollen und Plätzchen ausstechen.

Auf ein mit Backpapier ausgelegtes Blech geben. Bei 180 Grad ca. 18 Minuten backen. Nach Belieben mit Puderzucker einstäuben.

Walnusskipferl

Zutaten
100 g Walnüsse, gemahlen
50 g Mandeln, gemahlen
275 g Mehl
150 g Zucker
2 Pck. Vanillezucker
1 Prise Salz
1 Ei
220 g Butter
1 Prise Zimt

Zubereitung

Alle Teigzutaten in den Mixtopf geben. Auf Stufe 5/ 30 Sekunden mixen, danach auf Teigstufe 2 Minuten kneten. Auf einer mit Mehl bestreuten Fläche geben und zu Rollen formen. 1 Stunde in den Kühlschrank stellen. Von den Rollen ca. 1 cm dicke Scheiben abschneiden und zu Kipferl formen. Auf ein mit Backpapier ausgelegtes Blech geben. Bei 180 Grad ca. 20 Minuten backen. In eine Dose geben und eventuell mit Zucker bestäuben.

Vanille Kipferl

Zutaten
200 g Mehl
80 g Zucker
175 g Butter, weich
2 Eigelbe
100 g Mandeln, gemahlen
Mark einer Vanilleschote
1 Prise Salz
Puderzucker zum Wälzen

Zubereitung
Alle Teigzutaten in den Mixtopf geben. Auf Stufe 5/ 30
Sekunden mixen, danach auf Teigstufe 2 Minuten kneten.
Auf einer mit Mehl bestreuten Fläche geben und zu
Rollen formen. 1 Stunde in den Kühlschrank stellen. Von
den Rollen ca. 1 cm dicke Scheiben abschneiden und zu
Kipferl formen. Auf ein mit Backpapier ausgelegtes
Blech geben. Bei 180 Grad ca. 20 Minuten backen. In
eine Dose geben und eventuell in Puderzucker wälzen.

Schneeflöckchen

Zutaten
250 g Butter
50 g Walnüsse, gemahlen
100 g Puderzucker
1 Prise Salz
1 Pck. Vanillezucker
200 g Stärkemehl
140 g Mehl

Zubereitung

Alle Teigzutaten in den Mixtopf geben. Auf Stufe 5/ 30 Sekunden mixen, danach auf Teigstufe 2 Minuten kneten. Zu ca. 2 cm dicke Rollen formen und eine Stunde in den Kühlschrank stellen. Anschließend in gleichmäßige Scheiben schneiden und mit bemehlter Gabel breitdrücken.

Bei 180 Grad ca. 18 Minuten backen. Mit Puderzucker bestreuen.

Zimtbällchen

Zutaten
100 g Butter
150 g Mehl
1 TL Zimt, gemahlen
100 g Zucker
1 Eigelb
1 Prise Salz

Zubereitung
Alle Teigzutaten in den Mixtopf geben. Auf Stufe 5/ 30
Sekunden mixen, danach auf Teigstufe 2 Minuten kneten.
1 Stunde in den Kühlschrank stellen. Auf eine mit Mehl
bestäubten Fläche und zu kleinen Bällchen formen.
Auf ein mit Backpapier ausgelegtes Blech geben. Bei 180
Grad ca. 18 bis 20 Minuten backen. Nach Belieben
verzieren oder in Zucker wälzen.

Marzipan Kokosmakronen

Zutaten
180 g Kokosraspeln
5 Eiweiße
250 g Puderzucker
400 g Marzipanrohmasse
2 Essl. Rum
180 g Zucker
1 Prise Zimt

Zubereitung
Alle Teigzutaten in den Mixtopf geben. Auf Stufe 5/ 30 Sekunden mixen, danach auf Teigstufe 2 Minuten kneten. 1 Stunde in den Kühlschrank stellen. Mit zwei Löffeln kleine Häufchen abstechen und auf ein mit Backpapier ausgelegtes Blech geben. Bei 180 Grad ca. 18 Minuten backen.

Zimt Haferkekse

Zutaten
80 g Haselnüsse, gemahlen
80 g Zucker
50 g Honig
1 TL Zimt
120 g Butter, weich
120 g Haferflocken
2 EL Kakaopulver
120 g Weizenmehl
1 TL Backpulver
1 Prise Salz

Zubereitung
Alle Teigzutaten in den Mixtopf geben. Auf Stufe 5/ 30
Sekunden mixen, danach auf Teigstufe 2 Minuten kneten.
1 Stunde in den Kühlschrank stellen. Mit zwei Löffeln
kleine Häufchen abstechen und auf ein mit Backpapier
ausgelegtes Blech geben. Bei 180 Grad ca. 20 Minuten
backen.

Muskatplätzchen

Zutaten
150 g Butter, weich
125 g Zucker
1 Ei
abgeriebene Schale einer
halben Bio Zitrone
1 gute Prise Muskatnuss, gemahlen
1 Prise Zimt
1 Prise Gewürznelken
150 g Mehl
125g gemahlene Haselnüsse
125g Semmelbrösel

Zubereitung
Alle Teigzutaten in den Mixtopf geben. Auf Stufe 5/ 30
Sekunden mixen, danach auf Teigstufe 2 Minuten kneten.
1 Stunde in den Kühlschrank stellen. Auf eine mit Mehl
bestäubten Fläche ausrollen und Plätzchen ausstechen.
Auf ein mit Backpapier ausgelegtes Blech geben. Bei 180
Grad ca. 18 Minuten backen.

Butterplätzchen

Zutaten
200 g weiche Butter
1 Pck. Vanillezucker
150 g Zucker
330 g Mehl
100 g Speisestärke
1 Ei
1 EL Zitronensaft

Verzierung
Nach Belieben, zum Beispiel Glasur,
Zuckerartikel, Schokoladenartikel

Zubereitung
Alle Teigzutaten in den Mixtopf geben. Auf Stufe 5/ 30
Sekunden mixen, danach auf Teigstufe 2 Minuten kneten.
1 Stunde in den Kühlschrank stellen. Auf eine mit Mehl
bestäubten Fläche ausrollen und Plätzchen ausstechen.
Auf ein mit Backpapier ausgelegtes Blech geben. Bei 180
Grad ca. 18 Minuten backen. Nach Belieben verzieren.

Lebkuchen Mandeln

Zutaten
150 g Wasser
250 g brauner Zucker
1 Pck. Vanillezucker
1 TL Zimt
1 TL Lebkuchengewürz
400 g Mandeln

Zubereitung
Wasser, Zucker, Vanillezucker, Zimt und
Lebkuchengewürz in den Mixtopf geben. Bei 120 Grad/
2 Minuten/ Stufe 1 auflösen. Nun die Mandeln
hinzugeben und 20 Minuten/ Stufe 1/ 100 Grad
aufkochen. Den Backofen auf 180 Grad vorheizen und
ein Backblech mit Backpapier belegen. Die Masse auf
das Backblech geben und alles bei 180 Grad ca. 13 – 15
Minuten backen. Auf jeden Fall die Mandeln unter
Beobachtung halten, da die Röstzeit von Ofen zu Ofen
schwanken kann. Guten Appetit.

Zimt Macarons

Zutaten
Macaronschalenteig
125 g gemahlene weiße Mandeln
150 g Puderzucker
100 g Zucker, fein
4 Eiweiße
1/2 TL Zimt

Füllung
100 g gehackte weiße Schokolade
50 g Sahne
50 g gehackte Haselnüsse
½ TL Zimt

Zubereitung
Wir beginnen mit den Macaronschalen.
Mandeln und Puderzucker in den Mixtopf geben und
nochmals auf Stufe 10/ 15 Sekunden mahlen. In eine
Schüssel umfüllen.
Den Topf reinigen. Den Schmetterling einsetzen und das
Eiweiß einfüllen. Auf Stufe 4/ ca. 2 Minuten steif
schlagen. Den Schmetterling entfernen. Nun die übrigen
Teigzutaten hinzugeben. Wer mag, kann noch ein paar
Tropfen Lebensmittelfarbe hinzugeben. Auf Stufe 2/ 15
Sekunden rühren. Die Masse in einem Spritzbeutel
umfüllen. Ein Backblech mit Backpapier belegen. Die

Masse portionsweise mit dem Spritzbeutel auf das Blech setzen. Die Masse bei 150 Grad Umluft ca. 15 Minuten backen. Die Schalen abkühlen lassen.

Heidelbeere Macarons

Zutaten
Macaronschalenteig
125 g gemahlene weiße Mandeln
150 g Puderzucker
100 g Zucker, fein
4 Eiweiße

Füllung
250 g Butter
Mark einer Vanilleschote
140 g Puderzucker
50 g Heidelbeermarmelade
1 Prise Zimt
160 g Mandeln gemahlen

Zubereitung

Wir beginnen mit den Macaronschalen.

Mandeln und Puderzucker in den Mixtopf geben und nochmals auf Stufe 10/ 15 Sekunden mahlen. In eine Schüssel umfüllen.

Den Topf reinigen. Den Schmetterling einsetzen und das Eiweiß einfüllen. Auf Stufe 4/ ca. 2 Minuten steif schlagen. Den Schmetterling entfernen. Nun die übrigen Teigzutaten hinzugeben. Wer mag, kann noch ein paar Tropfen

Lebensmittelfarbe hinzugeben. Auf Stufe 2/ 15 Sekunden rühren. Die Masse in einem Spritzbeutel umfüllen. Ein Backblech mit Backpapier belegen. Die Masse portionsweise mit dem Spritzbeutel auf das Blech setzen. Die Masse bei 150 Grad Umluft ca. 15 Minuten backen. Die Schalen abkühlen lassen.

Füllung

Alle Zutaten für die Füllung in den sauberen Mixtopf geben. Auf Stufe 5/ 30 Sekunden schlagen. Man braucht eine Macaronschale als Oberteil und eine als Unterteil. Die Schalen mit der Masse füllen und kaltstellen.

Knusprige Kaffee Plätzchen

Zutaten
280 g Butter, weich
180 g Zucker
400 g Mehl
1 Pck. Vanillezucker
2 EL Instant Kaffee

Zubereitung
Alle Zutaten in den Mixtopf einwiegen und auf Stufe 5/
30 Sekunden mixen. Danach auf Brotstufe/ 2 Minuten
kneten. Ein Backpapier auf ein Backblech legen. Den
Teig auf eine mit Mehl eingestäubte Fläche geben und
ausrollen. Plätzchen ausstechen und auf das Backpapier
geben. Im auf 180 Grad Vorgeheizten Backofen ca. 12
bis 15 Minuten backen. Nach Belieben verzieren.

Haferflocken Nuss Plätzchen

Zutaten
100 g Mandeln gemahlen
120 g Zucker
1 Ei
80 g Mehl
125 g Butter
90 g Haferflocken zart
1 TL Backpulver
1 Prise Zimt
1 Prise Muskat

Zubereitung
Alle Zutaten in den Mixtopf einwiegen. Auf Stufe 7 / 30
Sekunden zerkleinern. Nun auf Teigstufe 2 Minuten
kneten. Ein Backblech mit Backpapier auskleiden und
mit dem Löffel kleine Teighäufchen darauf geben. Etwas
Platz lassen, da sie noch auseinander laufen. Bei 200
Grad ca. 15 bis 18 Minuten backen.

Spekulatius

Zubereitung
250 g Mehl
1/2 TL Backpulver
50 g Mandeln gemahlen
100 g Butter, weich
100 g Zucker
1 EL Vanillezucker
1 EL Spekulatiusgewürz
1 Prise Zimt
1 Prise Salz
1 Ei

Zubereitung
Alle Zutaten in den Mixtopf geben und auf Stufe 5/ 1 Minute mischen. Teig etwas nach unten schieben und nochmals 30 Sekunden/ Stufe 5 mischen. Auf eine mit Mehl ausgestreute Fläche ausrollen. Entweder mit dem Spekulatiusholz Plätzchen austollen, oder die ausgerollte Fläche in kleine Rechtecke schneiden. Ein Backblech mit Backpapier auslegen. Die Plätzchen darauf geben. Ca. 20 Minuten bei 180 Grad goldgelb backen.

Gewürzschnitten

Zutaten
100 g Haselnüsse
50 g Walnüsse gehackt
50 g Mandeln gehackt
250 g Butter, weich
300 g Zucker
1 Pck. Vanillezucker
250 g Mehl
4 Eier
1 Pck. Puddingpulver Schokolade
1 Pck. Backpulver
1 EL Lebkuchengewürz
120 g Sahne
2 EL Kakaopulver
2 EL Rum

Belag
Zartbitter Kuvertüre
Blättrige Mandeln

Zubereitung
Alle Zutaten für den Teig in den Mixtopf einwiegen. Auf
Stufe 5/ 1 Minute vermischen. Ein Backblech mit
Backpapier belegen und den Teig darauf schütten. Bei
200 Grad ca. 20 bis 25 Minuten backen. Die Kuvertüre
nach Anweisung schmelzen und den Kuchen damit
bestreichen. Mit den Mandeln bestreuen.

Eierlikör Kuchen

Zutaten
120 g Mehl
140 g Speisestärke
1 Pck. Backpulver
5 Eier
250 g Zucker
1 Pck. Vanillezucker
300 g Eierlikör
250 g Speiseöl
1 Prise Zimt

Zubereitung

Alle Zutaten in den Mixtopf einwiegen und auf Stufe 5/ 1 Minute mixen. Eine Kuchenform ausfetten und den Teig hinein geben. Ca. 1 Stunde bei 180 Grad backen.

Haselnuss Zimt Kuchen

Zutaten
Teig
250 g Sahne
180 g Zucker
250 g Mehl
1 Backpulver
Saft einer Zitrone
4 Eier
1 Prise Salz
1 Vanillezucker
1 TL Zimt

Belag
150 g weiche Butter
180 g Zucker
1 Vanillezucker
100 g Haselnuss geraspelt
½ TL Zimt

Zubereitung
Alle Zutaten in den Mixtopf geben und 2 Minuten auf
Teigstufe glatt rühren. Den Teig auf ein mit Backpapier
ausgelegtes Bleck schütten und ca. 15 Minuten auf Ober-
und Unterhitze bei 180 Grad backen.
Nun die Zutaten für den Belag in den ausgespülten
Mixtopf geben. Auf Stufe 3 / 45 Sekunden verrühren.
Auf den Kuchen geben und nochmals 10 Minuten backen.

Apfel Zimt Muffins

Zutaten
250 g Äpfel in Stücken
2 Eier
130 g Zucker
80 g Öl
180 g Apfelsaft
300 g Mehl
1 Pck. Backpulver
150 g Mandeln, gemahlen
1 TL Zimt

Zubereitung

Alle Zutaten in den Mixtopf einwiegen und auf Stufe 5/ 1 Minute mixen. Ein Muffinblech mit Muffin Förmchen auskleiden und die Mulden zu zwei Dritteln mit dem Teig füllen. Bei 10 Grad 20 bis 25 Minuten backen.

Apfel Marzipan Muffins

Zutaten
250 g Äpfel in Stücken
80 g Marzipanrohmasse
1 Fläschchen Bittermandelöl
2 Eier
130 g Zucker
80 g Öl
180 g Apfelsaft
300 g Mehl
1 Pck. Backpulver
150 g Mandeln, gemahlen

Zubereitung
Alle Zutaten in den Mixtopf einwiegen und auf Stufe 5/ 1
Minute mixen. Ein Muffinblech mit Muffin Förmchen
auskleiden und die Mulden zu zwei Dritteln mit dem
Teig füllen. Bei 180 Grad 20 bis 25 Minuten backen.

Apfel Nuss Brot

Zutaten
600 g Äpfel, geviertelt
100 g Orangensaft
100 g Butter
3 Eier
1 Pck. Vanillezucker
100 g Zucker
500 g Weizenmehl
1 Pck. Backpulver
100 g Schokolade, gehackt
1 TL Zimt
200 g Haselnüsse

Zubereitung
Die Äpfel in den Mixtopf geben und auf Stufe 5/ 30
Sekunden zerkleinern. Nun die übrigen Zutaten
einwiegen Auf Stufe 5/ 1 Minute mischen. Eine
Kastenform einfetten, oder mit Backpapier auskleiden.
Den Teig hinein geben. Bei 200 Grad ca. 1 Stunde
backen.

Zimt Curd

Zutaten
4 Eier
120 g Butter
400 g Zucker
140 g Kondensmilch
1 gehäufter TL Zimt

Zutaten
Alle Zutaten in den Mixtopf geben und ca. 20 Minuten /
90 Grad / Stufe 2 eindicken lassen. Die Masse umfüllen
und im Kühlschrank aufbewahren.

Erdbeere Eierlikör Marmelade

Zutaten
700 g Erdbeeren
70 g Eierlikör
250 g Gelierzucker 3:1
Mark einer Vanilleschote

Zubereitung
Das Obst in den Mixtopf geben und 30 Sekunden / Stufe
4 zerkleinern. Nun die übrigen Zutaten einfügen.
Nochmals kurz für 15 Sekunden auf Stufe 5 gut
vermischen. Auf Stufe 1 / 100 Grad / 18 Minuten kochen.
Die Marmelade kann abgefüllt werden.

Bananen Zimt Marmelade

Zutaten
750 g Bananen, geschält
1 TL Zimt
250 g Gelierzucker 3:1
Mark einer Vanilleschote

Zubereitung
Das Obst in den Mixtopf geben und 30 Sekunden / Stufe
4 zerkleinern. Nun die übrigen Zutaten einfügen.
Nochmals kurz für 15 Sekunden auf Stufe 5 gut
vermischen. Auf Stufe 1 / 100 Grad / 18 Minuten kochen.
Die Marmelade kann abgefüllt werden

Maronen Pflaumen Marmelade

Zutaten
350 g Maronen, gekocht
350 g Pflaumen
250 g Gelierzucker 3:1
½ TL Zimt

Zubereitung
Das Obst in den Mixtopf geben und 30 Sekunden / Stufe
4 zerkleinern. Nun die übrigen Zutaten einfügen.
Nochmals kurz für 15 Sekunden auf Stufe 5 gut
vermischen. Auf Stufe 1 / 100 Grad / 18 Minuten kochen.
Die Marmelade kann abgefüllt werden.

Apfel Spekulatius Marmelade

Zutaten
750 g Äpfel, geschält und entkernt
1 TL Spekulatius Gewürz
250 g Gelierzucker 3:1
Mark einer Vanilleschote

Zubereitung
Das Obst in den Mixtopf geben und 30 Sekunden / Stufe
4 zerkleinern. Nun die übrigen Zutaten einfügen.
Nochmals kurz für 15 Sekunden auf Stufe 5 gut
vermischen. Auf Stufe 1 / 100 Grad / 18 Minuten kochen.
Die Marmelade kann abgefüllt werden.

Pflaumen Lebkuchen Marmelade

Zutaten
750 g Pflaumen, entsteint
1 TL Lebkuchen Gewürz
40 g Kakao
250 g Gelierzucker 3:1

Zubereitung
Das Obst in den Mixtopf geben und 30 Sekunden / Stufe
4 zerkleinern. Nun die übrigen Zutaten einfügen.
Nochmals kurz für 15 Sekunden auf Stufe 5 gut
vermischen. Auf Stufe 1 / 100 Grad / 18 Minuten kochen.
Die Marmelade kann abgefüllt werden.

Apfel Zimt Ingwer Marmelade

Zutaten
700 g Äpfel, entkernt und geschält
50 g Zitronensaft
250 g Gelierzucker 3:1
½ TL Zimt
½ TL Ingwer

Zubereitung
Das Obst in den Mixtopf geben und 30 Sekunden / Stufe
4 zerkleinern. Nun die übrigen Zutaten einfügen.
Nochmals kurz für 15 Sekunden auf Stufe 5 gut
vermischen. Auf Stufe 1 / 100 Grad / 18 Minuten kochen.
Die Marmelade kann abgefüllt werden.

Brombeeren Rum Marmelade

Zutaten
700 g Brombeeren
70 g Rum
250 g Gelierzucker 3:1
Mark einer Vanilleschote

Zubereitung
Das Obst in den Mixtopf geben und 30 Sekunden / Stufe
4 zerkleinern. Nun die übrigen Zutaten einfügen.
Nochmals kurz für 15 Sekunden auf Stufe 5 gut
vermischen. Auf Stufe 1 / 100 Grad / 18 Minuten kochen.
Die Marmelade kann abgefüllt werden.

Datteln Schokolade Marmelade

Zutaten
650 g Datteln
100 g Schokolade, gehackt
250 g Gelierzucker 3:1
Mark einer Vanilleschote

Zubereitung
Das Obst in den Mixtopf geben und 30 Sekunden / Stufe
4 zerkleinern. Nun die übrigen Zutaten einfügen.
Nochmals kurz für 15 Sekunden auf Stufe 5 gut
vermischen. Auf Stufe 1 / 100 Grad / 18 Minuten kochen.
Die Marmelade kann abgefüllt werden.

Weihnachts Creme Capuccino

Zutaten
400 g Zucker
1 Pck. Vanillezucker
2 EL Lebkuchengewürz
70 g Kakaopulver
80 g löslicher Kaffee
300 g Kaffeeweißer
1 Prise Zimt

Zubereitung
Alle Zutaten in den Mixtopf einwiegen und auf höchster
Stufe 30 Sekunden pulverisieren. Entweder in Zellophan
Beutel verpacken und verzieren, oder in Gläsern abfüllen.

Gewürz Likör

Zutaten
600 g Sahne
200 g Weinbrand
50 g Rum
2 TL Zimt
2 TL Lebkuchengewürz
2 TL Vanillezucker
50 g Vollmilch Schokolade
120 g Zucker
1 Ei

Zubereitung
Außer den Alkohol alle Zutaten in den Mixtopf geben.
Alles für 6 Minuten/ Stufe 2/ 90 Grad erhitzen. Jetzt den
Alkohol hinzugeben. Nochmals 5 Minuten/ Stufe 2/ 90
Grad. In eine Flasche umfüllen und im Kühlschrank
aufbewahren.

Marzipan Likör

Zutaten
150 g weiße Schokolade
120 g Zucker
1 Ei
500 g Sahne
300 g Amaretto
100 g Rum

Zubereitung
Die Schokolade in den Mixtopf geben und 10 Sekunden
auf Stufe 5 zerkleinern. Die übrigen Zutaten in den
Mixtopf geben. 11 Minuten/ Stufe1/ 90 Grad. In eine
Flasche umfüllen und im Kühlschrank aufbewahren.

Weihnachts Apfelmus

Zutaten
750 g Apfel, geviertelt
1 TL Zimt, gemahlen
1 TL Vanille-Zucker
100 g Marzipan Rohmasse
50 g Zitronensaft
80 g Zucker

Zubereitung
Alle Zutaten in den Mixtopf einwiegen und auf Stufe 5/ 15 Sekunden zerkleinern. Auf Stufe 2/ 100 Grad/ 12 Minuten erhitzen. Guten Appetit!

Kokosmilch Eierlikör

Zutaten
400 g Kokosnussmilch
5 Eier
180 g Zucker
1 EL Vanillezucker
200 g klarer Schnaps

Zutaten
Alle Zutaten in den Mixtopf füllen und auf Stufe 5/ 15
Sekunden mischen. Nun alles bei 80 Grad/ 9 Minuten/
Stufe 1 erhitzen. Umfüllen und im Kühlschrank
aufbewahren.

Schoko Rum Verführung

Zutaten
100 g Zartbitterschokolade
180 g Rum
300 g Sahne
150 g Zucker
50 g Kakao

Zubereitung
Die Schokolade in den Mixtopf geben und auf Stufe 5/ 20 Sekunden zerkleinern. Nun die übrigen Zutaten einwiegen. Bei 80 Grad/ 9 Minuten erhitzen. Umfüllen und im Kühlschrank aufbewahren.

Marshmallows Likör

Zutaten
300 g Weiße Marshmallows
1 Liter Kondensmilch 10 %
100 g Vanillezucker
100 g brauner Zucker
250 g Weingeist, 95%

Zubereitung
Alle Zutaten außer den Marshmallows in den Mixtopf
geben. Auf Stufe 5/ 20 Sekunden mischen. Dann nach
und nach immer ein paar Marshmallows hinzugeben und
auf Stufe 5/ 20 Sekunden mischen, bis alles schön sämig
ist. Prosit!

Weiße Schokolade Sahne Likör

Zutaten
100 g Weiße Schokolade
180 g Birnengeist
50 g Whiskey
300 g Sahne
150 g Zucker

Zubereitung
Die Schokolade in den Mixtopf geben und auf Stufe 5/ 20 Sekunden zerkleinern. Nun die übrigen Zutaten einwiegen. Bei 80 Grad/ 9 Minuten erhitzen. Umfüllen und im Kühlschrank aufbewahren.

Brombeere Likör

Zutaten
250 g Brombeeren
180 g Zucker
250 g Sahne
250 g Weizenkorn
1 Pck. Vanille Zucker

Zutaten
Alle Zutaten in den Mixtopf füllen und auf Stufe 5/ 15
Sekunden mischen. Nun alles bei 80 Grad/ 9 Minuten/
Stufe 1 erhitzen. Umfüllen und im Kühlschrank
aufbewahren.

Holunder Likör

Zutaten

1 Liter Holundersaft
400 g Zucker
2 Pck. Vanillezucker
400 g Brauner Rum 54%

Zubereitung
Alle Zutaten außer dem Rum in den Mixtopf geben. Auf Stufe 5/ 15 Sekunden verrühren. Auf Stufe 1 / 100 Grad/ 15 Minuten erhitzen. Abkühlen lassen und dann den Rum untermischen. Gut durchziehen lassen und genießen.

Erdbeertraum

Zutaten
180 g Zucker
1000 g Erdbeeren
200 g Eiswürfel
100 g Zitronensaft
350 g Wodka
10 Minzeblätter
1 Pck. Vanille Zucker

Zubereitung
Alle Zutaten in den Mixtopf geben. Auf Stufe 5/ 45
Sekunden zerkleinern. In einen Bowle Topf füllen und
genießen.

Kokos Rum Bowle

Zutaten
800 g Kokosmilch
400 g Eiswürfel
180 g Zucker
1 Flasche Sekt
1/2 Flasche Mineralwasser
100 g Rum
200 g Bananen in Scheiben

Zubereitung
Alle Zutaten in den Mixtopf geben. Auf Stufe 5/ 45 Sekunden zerkleinern. In einen Bowle Topf füllen und genießen.

Erfrischende Fruchtbowle

Zutaten
1 Flasche Multivitamin Saft
300 g gemischte Früchte
Saft einer Bio Zitrone
200 g Eiswürfel
½ Flasche Bitter Lemon
1 Flasche Sekt
½ Flasche Mineralwasser

Zubereitung
Alle Zutaten in den Mixtopf geben. Auf Stufe 5/ 45
Sekunden zerkleinern. In einen Bowle Topf füllen und
genießen.

Kiwi Sorbet Bowle

Zutaten
1 Flasche Apfelsaft
300 g Kiwi, geschält, zerkleinert
und gefroren
Saft einer Bio Zitrone
40 Eiswürfel
50 g Zucker
1 Flasche Sekt
1 Flasche Mineralwasser

Zubereitung
Alle Zutaten in den Mixtopf geben. Auf Stufe 5/ 45
Sekunden zerkleinern. In einen Bowle Topf füllen und
genießen.

Pina Colada Bowle

Zutaten
1 Dose Ananas, 850 ml
1 Flasche Orangensaft
100 g Batida de Coco
400 g Bananensaft
150 g weißer Rum

Zubereitung
Alle Zutaten in den Mixtopf geben. Auf Stufe 5/ 45
Sekunden zerkleinern. In einen Bowle Topf füllen und
genießen

Süße Habanero Sauce

Zutaten
60 g Habanero Chili, entkernt
1 rote Paprikaschote
1 gelbe Paprikaschote
1 Tomate
240 g Weißweinessig
1 TL Salz
2 EL Zucker

Zubereitung
Alle Zutaten in den Mixtopf geben. Auf Stufe 5 / 20
Sekunden mischen. Auf Stufe 2/ 100 Grad/ 15 Minuten
kochen. In saubere Gläser füllen und im Kühlschrank
aufbewahren.

BBQ Sauce

Zutaten
2 Tuben Tomatenmark
500 g Wasser
2 EL Flüssigrauch
200 g Weinessig
2 EL Zucker
1 Prise Salz
1 Prise schwarzer Pfeffer
1 EL Honig

Zubereitung
Alle Zutaten in den Mixtopf geben. Auf Stufe 5 / 20
Sekunden mischen. Auf Stufe 2/ 100 Grad/ 17 Minuten
kochen. In saubere Gläser füllen und im Kühlschrank
aufbewahren.

Kürbispesto

Zutaten
500 g Kürbis
1 Knoblauchzehe zerdrückt
40 g Kürbiskernöl
3 EL Kürbiskerne
3 EL Parmesan, gerieben
etwas Salz
etwas Pfeffer
etwas Muskat

Zubereitung
Den Kürbis in Stücke teilen und ca. 25 – 30 Minuten bei
200 Grad im Ofen garen. Die Kürbiskerne in der Pfanne
rösten. Alle Zutaten in den Mixtopf geben und ca. 15
Sekunden/ Stufe 5 zerkleinern. Umfüllen und im
Kühlschrank aufbewahren.

Walnuss Tomaten Pesto

Zutaten
100 g Parmesan, in Stücken
3 gepresste Knoblauchzehen
1 Bund Petersilie
125 g getrocknete Tomaten
1 Prise Pfeffer
1 TL Salz
100 g Walnusskerne
30 g Pinienkerne
10 Stück Oliven
150 g Olivenöl
1 Prise Muskat

Zubereitung
Den Käse in den Mixtopf geben und auf Stufe 10/ 15
Sekunden zerkleinern. Nun die übrigen Zutaten
hinzufügen und nochmals 20 Sekunden/ Stufe 5. Im
Kühlschrank aufbewahren.

Steinpilzbutter

Zutaten
50 g Steinpilze, getrocknet
150g Wasser
1 TL Gemüsebrühe
1 TL Salz
1 TL Petersilie getrocknet
1 zerdrückte Knoblauchzehe
250 g Butter

Zubereitung
Die Pilze in das Wasser eine Stunde lang einweichen.
Alles in den Mixtopf geben (mitsamt dem Wasser). Auf
Stufe 1/ 100 Grad/ 12 Minuten erhitzen. Alles abkühlen
lassen. Alle Zutaten in den Mixtopf geben und 1 Minute
auf Stufe 5 pürieren. Umfüllen und im Kühlschrank
aufbewahren.

Zwiebelkuchen

Zutaten
Teig
150 g Butter
100 g Wasser
1 TL Salz
300 g Mehl

Belag
500 g Zwiebeln in Scheiben
40 g Öl
250 g Speckwürfel
3 Eier
1 Becher Saure Sahne
500 g Milch
3 EL Mehl
Salz, Pfeffer, Muskat

Zubereitung
Die Teigzutaten in den Mixtopf geben und auf Teigstufe
2 Minuten kneten. Eine Kuchen oder Quiche Form
ausfetten und den Teig hineindrücken. An den Rändern
den Teig etwas hochziehen.
10 g Öl in den Mixtopf geben und den Speck hinzufügen.
2 Minuten / Varoma/ 120 Grad/ Stufe 1.
Nun das restliche Öl und die Zwiebeln hinzugeben. Bei
120 Grad/ Varomastufe/ Stufe 1/ 5 Minuten brutzeln.
Nun die übrigen Zutaten in den Mixtopf geben und auf
Stufe 5/ 15 Sekunden mischen. Auf den Teig geben und
ca. 50 Minuten bei 180 Grad backen.

Pizza Kugeln

Zutaten
300 g Mehl
1 Würfel Hefe
250 g Speisequark
100 ml Milch lauwarm
30 g Öl
1 TL Salz
1 EL Zucker
100 g Röstzwiebeln
125 g Schinkenwürfel
100 g geriebener Käse

Zubereitung
Die Milch mit dem Zucker und der Hefe in den Mixtopf
geben und 10 Sekunden/ Stufe 5. Nun die übrigen
Zutaten hinein geben und 2 Minuten auf Brotstufe kneten.
Den Teig 30 Minuten gehen lassen. Ein Backblech mit
Backpapier auskleiden. Den Teig zu kleinen Kugeln
formen und nochmals 30 Minuten gehen lassen. Bei 180
Grad ca. 20 bis 25 Minuten backen.

Zucchini Feta Muffins

Zutaten
30 g Öl
1 Zucchini
100 g Feta in Stücken
180 g Mehl
2 TL Backpulver
1 Ei
150 ml Milch
1 Prise Muskat
1/2 TL Rosmarin
1 zerdrückte Knoblauchzehe
Salz, Pfeffer

Zubereitung
Alle Zutaten in den Mixtopf einwiegen und auf Stufe 5/ 1
Minute mixen. Ein Muffinblech mit Muffin Förmchen
auskleiden und die Mulden zu zwei Dritteln mit dem
Teig füllen. Bei 180 Grad 20 bis 25 Minuten backen.

Gulaschsuppe

Zubereitung
2 Zwiebeln in Ringen
40 g Erdnussöl
400 g Rindergulasch gewürfelt
750 g Brühe
200 g Rotwein, trocken
Salz, Pfeffer, Paprika Rosenscharf nach Geschmack
1 TL Kümmel
1 zerdrückte Knoblauchzehe
250 g Tomaten aus der Dose in Stücken
1 Schote gelber Paprika
300 g Kartoffeln in Würfeln

Zubereitung

Das Öl in den Mixtopf geben und 30 Sekunden/ Stufe 1/ 120 Grad erwärmen. Nun die Zwiebeln hinzufügen und 3 Minuten/ 120 Grad/ Stufe 1. Jetzt das Gulasch hinzugeben und 5 Minuten/ 120 Grad/ Stufe 1. Die übrigen Zutaten in den Topf einwiegen und 70 Minuten/ 100 Grad/ Stufe 1. Guten Appetit.

Kokos Rote Linsen Suppe

Zutaten
180 g rote Linsen
1 Bund Suppengrün
1 Zwiebel
1 kleines Stück Ingwer
2 Knoblauchzehen, gepresst
800 g gelöste Gemüsebrühe
1 Dose Kokosmilch
1 TL Kürbiskernöl
1 TL Curry Madras
Saft eine Zitrone
½ Chili Schote, mild
Salz
Pfeffer

Zubereitung
Knoblauch, Zwiebel und Ingwer (geschält) in den
Mixtopf geben und auf Stufe 4/ 3 Sekunden zerkleinern.
Nun das Öl hinzufügen und 2 Minuten auf Stufe 1/ 100
Grad andünsten. Nun die übrigen Zutaten hinzugeben
und auf Rührstufe/ 25 Minuten/ 100 Grad. Danach alles
auf Stufe 5/ 1 Minute pürieren und nochmals mit Salz
und Pfeffer abschmecken. Guten Appetit!

Waldpilzsuppe

Zutaten
500 g frische Pilze
2 Zwiebeln
1 TL Zucker
30 g Butter
400 g Waldpilzfond
400 g Gemüsebrühe
150 g Sahne
Salz/Pfeffer/Muskat/Thymian

Zubereitung

Die Zwiebeln in den Mixtopf geben und auf Stufe 5/ 4 Sekunden zerkleinern. Die Butter hinzugeben und auf Stufe 1/ 100 Grad/ 3 Minuten andünsten. Nun alle Zutaten außer die Sahne hinein geben und auf Stufe 1/ 100 Grad/ 20 Minuten erhitzen. Auf Stufe 5/ 1 Minute fein pürieren. Die Sahne hinzugeben und nochmals 15 Sekunden/ Stufe 5. Auf Stufe 1/ 100 Grad/ 2 Minuten. Fertig ist eine leckere und sämige Suppe.

Blumenkohl Prosecco Suppe

Zutaten
400 g Blumenkohl in
Röschen
1 Zwiebel
1 Knoblauchzehe
30 g Kürbiskernöl
Salz
Pfeffer
400 g Prosecco
1/4 Liter Apfelsaft
1/2 Liter Gemüsebrühe
200 g Crème fraîche
Muskatnuss
Cayennepfeffer
40 g Butter
2 Esslöffel Honig

Zubreitung
Die Knoblauchzehe und die Zwiebel in den Mixtopf
geben. Auf Stufe 4/ 3 Sekunden zerkleinern. Das Öl
hinzugeben und 1 Minute auf Rührstufe/ 100 Grad
andünsten. Nun die übrigen Zutaten einwiegen. Die
Suppe bei 100 Grad/ 25 Minuten/ Rührstufe kochen. Nun
auf Stufe 5/ 1 Minute fein pürieren. Guten Appetit.

Pastinakensuppe

Zutaten
1 Zwiebel, geschält
250 g Pastinaken, geschält, in Stücken
100 g Möhren, in Stücken
30 g Öl
300 g heiße Gemüsebrühe
100 g Creme fraiche
Salz, Muskat und Pfeffer, nach Geschmack
Prise Piment gemahlen

Zubereitung
Den Mixtopf auf Stufe 5 Stellen und den Messbecher
entfernen. Die Zwiebel ins offene Messer fallen lassen.
Grob 5 Sekunden zerkleinern. Das Öl hinzufügen und auf
Stufe 1/ 100 Grad/ 2 Minuten andünsten. Die übrigen
Zutaten in den Mixtopf geben und auf Stufe 5/ 30
Sekunden zerkleinern. Bei 100 Grad/ Stufe 1/ 18 Minuten
kochen und genießen.

Hackfleisch Käse Lauch Suppe

Zutaten
300 g Porree
500 g Hackfleisch gemischt
100 g Speckwürfel, mager
500 Wasser
3 TL Gemüsebrühe
20 g Sonnenblumenöl
400 g Schmelzkäse
200 g Sahne
200 g Creme fraiche
Pfeffer
Salz
Paprika
Muskat

Zubereitung
Porree waschen und in Scheiben schneiden, sowie mit dem Öl in den Mixtopf geben. Auf Stufe 1/ 100 Grad/ 5 Minuten andünsten. Das Hackfleisch mit dem Speck in einer Pfanne anbraten. Nun alle Zutaten in den Mixtopf geben. 18 Minuten/ Stufe 1/ 100 Grad kochen. Guten Appetit!

Wirsingsalat

Zutaten
1 Bund Schnittlauch
1 Stück Zwiebel, rot - für die Optik
300 g Wirsing, in Stücken
250 g Apfel, geviertelt
100 g saure Sahne
2 TL Senf
1/2 TL Salz
3 TL Zucker

Zubereitung
Schnittlauch und Zwiebel in den Mixtopf geben und 12
Sekunden/ Stufe 5 zerkleinern. Die übrigen Zutaten
hinzugeben und 6 Sekunden/ Stufe 5 zerkleinern. Der
Salat kann in eine Schüssel umgefüllt und verzehrt
werden.

Kartoffelsalat

Zutaten
900 g Kartoffeln
1 Zwiebel
50 g Gewürzgurken
40 g Gewürzgurkenwasser
260 g Mayonnaise
1 EL Senf
1 EL Zitronensaft
1 TL Salz
1 TL Zucker
1/4 TL Pfeffer
1 TL Schnittlauch, getrocknet

Zubereitung
Die Kartoffeln zusammen mit 500 g Wasser und 1 TL
Salz in den Mixtopf geben. Auf Rührstufe bei 100 Grad
30 Minuten kochen. Aus dem Mixtopf nehmen,
abschrecken, pellen und in Scheiben schneiden. Das
Wasser aus dem Mixtopf schütten. Die Gurken und die
Zwiebel einwiegen. 3 Sekunden auf Stufe 4 zerkleinern.
Die restlichen Zutaten einwiegen und 15 Sekunden/ Stufe
3. Über die Kartoffeln geben und vermischen. Kalt
stellen und genießen!

Fleischsalat

Zutaten
300 g Fleischwurst
150 g Gurken
100 g Mayonnaise
65 g Schmand
30 g Gurkenwasser
1 Prise Zucker
1/4 TL Salz
Pfeffer

Zubereitung
Die Gurken und die Fleischwurst in den Mixtopf geben
und 4 Sekunden/ Stufe 4. Nun die übrigen Zutaten
einwiegen. 10 Sekunden auf Stufe 3 mischen. Eventuell
nochmals abschmecken und servieren.

Guacamole

Zutaten
2 Knoblauchzehen, gepresst
2 Avocados, bzw. das Fruchtfleisch
40 g Olivenöl
1 EL Zitronensaft
50 g Kürbiskerne
1 gestrichener TL Kräutersalz
80 g Schmand
1 EL Petersilie, gehackt

Zubereitung
Alle Zutaten in den Mixtopf geben. Auf Stufe 5/ 1
Minute zerkleinern. Umfüllen und im Kühlschrank
aufbewahren.

Thunfisch Frikadellen

Zutaten
150 g Ricotta Käse
200 g Thunfisch aus der Dose,
abgetropft
1 Ei
4 EL Paniermehl
2 EL Parmesan
2 EL Petersilie
1 EL Schnittlauch, gehackt
Salz
Pfeffer
Paniermehl
Öl oder Margarine
Zum Braten

Zutaten
Alle Zutaten, außer Öl, in den Mixtopf geben. Die Masse
3 Minuten/ Stufe 2 zu einer homogenen Masse verbinden.
Aus dem Teig kleine Frikadellen formen und mit dem Öl
anbraten. Guten Appetit.

Lachs Frikadellen

Zutaten
150 g Frischkäse
200 g Lachs, geräuchert
1 Knoblauchzehe, gepresst
1 EL süßer Senf
1 Ei
4 EL Paniermehl
2 EL Parmesan
2 EL Petersilie
1 EL Schnittlauch, gehackt
Salz
Pfeffer
Paniermehl
Öl oder Margarine
Zum Braten

Zutaten
Alle Zutaten, außer Öl, in den Mixtopf geben. Die Masse
3 Minuten/ Stufe 2 zu einer homogenen Masse verbinden.
Aus dem Teig kleine Frikadellen formen und mit dem Öl
anbraten. Guten Appetit.

Krebsfleisch Frikadellen

Zutaten
150 g Frischkäse mit Kräutern
200 g Krebsfleisch, gekocht
1 Knoblauchzehe, gepresst
1 EL Sahne Meerrettich
1 Ei
4 EL Paniermehl
2 EL Parmesan
2 EL Petersilie
1 EL Petersilie, gehackt
Salz
Pfeffer
Paniermehl
Öl oder Margarine
Zum Braten

Zutaten
Alle Zutaten, außer Öl, in den Mixtopf geben. Die Masse
3 Minuten/ Stufe 2 zu einer homogenen Masse verbinden.
Aus dem Teig kleine Frikadellen formen und mit dem Öl
anbraten. Guten Appetit.

Mascarpone Eierlikör Creme

Zutaten
200 g Zucker
280 g Eierlikör
600 g Mascarpone
500 g Crème fraîche
50 g Sahne
20 g Himbeergeist

Zubereitung
Alle Zutaten in den Mixtopf einwiegen und auf Stufe 5/
30 Sekunden mischen. In Schälchen füllen und in den
Kühlschrank stellen.

Erdbeere Himbeergeist Creme

Zutaten
200 g Zucker
200 g Erdbeeren
600 g Mascarpone
500 g Crème fraîche
50 g Sahne
100 g Himbeergeist

Zubereitung
Alle Zutaten in den Mixtopf einwiegen und auf Stufe 5/
30 Sekunden mischen. In Schälchen füllen und in den
Kühlschrank stellen.

Batida de Coco Bananen Creme

Zutaten
200 g Zucker
120 g Batida de Coco
600 g Mascarpone
500 g Crème fraîche
50 g Sahne
300 g Bananen, in Scheiben
50 g Kokosraspeln

Zubereitung
Alle Zutaten in den Mixtopf einwiegen und auf Stufe 5/
30 Sekunden mischen. In Schälchen füllen und in den
Kühlschrank stellen.

Käse Plätzchen

Zutaten
150 g Butter
1 Ei
1/2 TL Salz
250 g Parmesan
250 g Mehl
50 g Mandeln, gemahlen
1 Prise Muskat
½ TL Kräuter der Provence

Zubereitung
Alle Zutaten in den Mixtopf geben. Auf Teigstufe 2
Minuten kneten. Den Teig auf eine bemehlte
Arbeitsfläche geben und ausrollen. Plätzchen ausstechen.
Ein Backblech mit Backpapier auskleiden und die
Plätzchen darauf verteilen. Bei 180 Grad Ober und
Unterhitze ca. 18 Minuten backen,

Pflaumen Walnuss Rum Gugelhupf

Zutaten
100 g Walnüsse, gemahlen
100 g Schokostreusel
200 g Pflaumen in Stücken
120 g Butter
5 Eier
1 Pck. Backpulver
130 g Mehl
1 Prise Zimt
1 Prise Muskat
100 g Milch
100 g Rum
150 g Zucker

Zubereitung
Die Pflaumen in den Mixtopf geben und 15 Sekunden/
Stufe 5 zerkleinern. Nun die übrigen Zutaten hinzugeben
und 50 Sekunden auf Stufe 5 verrühren. Eine
Gugelhupfform einfetten und den Teig hineinfüllen. Bei
180 Grad ca. 1 Stunde backen.

Orangen Cake-Pops

Zutaten

Kuchenteig
250 g Butter
180 g Zucker
1 Päckchen Vanillezucker
4 Eier
250 g Mehl
2 gestrichene TL Backpulver
abgerieben Schale von 2 unbehandelten Orangen
2 EL Orangensaft

Frosting
50 g Frischkäse
20 g weiche Butter
150 g Zucker 20 Sekunden
auf Stufe 10 zu Puderzucker mahlen
1 EL Orangensaft
Lebensmittelfarbe nach Belieben
Holzspieße

Dekor
Kuvertüre nach Wahl
Streuzucker oder Zuckerdekor
Smarties oder Bonbons
nach Belieben

Zubereitung
Den Backofen auf 180 Grad Ober- und Unterhitze
vorheizen. Eine Backform mit etwas Butter einfetten. Es
werden zuerst die Zutaten für den Kuchenteig benötigt.
Eier, Butter und Zucker in den Mixtopf geben. Auf Stufe
5/ 30 Sekunden schaumig rühren. Nun die übrigen
Zutaten in den Mixtopf geben und auf Stufe 10 / 1
Minute luftig schlagen. Den Teig in die Kuchenform
geben und ca. 45 Minuten backen.

Lassen Sie den Kuchen nun erkalten. Jetzt die harten Ränder abschneiden und den Kuchen in einer Schüssel fein zerkrümeln. In den ausgespülten Mixtopf alle Zutaten für das Frosting geben und auf Stufe 2/ 1 Minute schlagen. Den zerkrümelten Teig kneten. Etwa eine walnussgroße Menge Teig nehmen und flach drücken (etwas in der Form, als wenn man Plätzchen mit einer runden Form aussticht). In der Mitte des Teiges einen guten Esslöffel des Frostings geben und alles zu einer Kugel rollen. Die Kugeln für eine Stunde im Kühlschrank stellen. In der Zwischenzeit im Wasserbad die Kuvertüre schmelzen und die Dekor Artikel bereitstellen. Die Kugeln aus dem Kühlschrank nehmen und in jede Kugel ein Holzspieß stecken. Dann jede Kugel in die Kuvertüre tauchen. Die Schokolade kurz etwas fester werden lassen und dann in das gewünschte Dekor tauchen. Vor dem Verzehr noch mindestens eine Stunde im Kühlschrank aushärten lassen.

Eierlikör Schoko Muffins

Zutaten
150 g Zartbitter Schokolade, gehackt
250 g Butter
180 g Zucker
1 Pck. Vanillinzucker
4 Eier
250 g Mehl
1 Pck. Backpulver
150g Eierlikör
60 g Sahne

Zubereitung
Alle Zutaten in den Mixtopf geben und auf Stufe 5/ 1
Minute zu einem sämigen Teig vermischen. Ein
Muffinblech mit Muffinförmchen auskleiden und jeweils
zur Hälfte mit dem Teig füllen. Im vorgeheizten Ofen bei
180 Grad Ober und Unterhitze ca. 18 bis 20 Minuten
backen.

Amaretto Macarons

Zutaten
Macaronschalenteig
125 g gemahlene weiße Mandeln
150 g Puderzucker
100 g Zucker, fein
4 Eiweiße

Füllung
250 g Butter
3 EL Amaretto
140 g Puderzucker
160 g Mandeln

Zubereitung

Wir beginnen mit den Macaronschalen.

Mandeln und Puderzucker in den Mixtopf geben und nochmals auf Stufe 10/ 15 Sekunden mahlen. In eine Schüssel umfüllen.

Den Topf reinigen. Den Schmetterling einsetzen und das Eiweiß einfüllen. Auf Stufe 4/ ca. 2 Minuten steif schlagen. Den Schmetterling entfernen. Nun die übrigen Teigzutaten hinzugeben. Wer mag, kann noch ein paar Tropfen Lebensmittelfarbe hinzugeben. Auf Stufe 2/ 15 Sekunden rühren. Die Masse in einem Spritzbeutel umfüllen. Ein Backblech mit Backpapier belegen. Die Masse portionsweise mit dem Spritzbeutel auf das Blech setzen. Die Masse bei 150 Grad Umluft ca. 15 Minuten backen. Die Schalen abkühlen lassen.

Füllung

Alle Zutaten für die Füllung in den sauberen Mixtopf geben. Auf Stufe 5/ 30 Sekunden schlagen. Man braucht eine Macaronschale als Oberteil und eine als Unterteil. Die Schalen mit der Masse füllen und kaltstellen.

Hefezopf

Zutaten
Teig
500 g Mehl
300g Wasser, handwarm
1 Würfel Hefe
80 g Zucker
3 Eier
60 g Butter
100 g Rosinen

Belag
50 g Hagelzucker
etwas Milch

Zubereitung
Alle Zutaten für den Teig in den Mixbecher geben und
auf Teigstufe 2 Minuten kneten. Aus den Mixtopf
nehmen und an einen warmen Ort 1 Stunde gehen lassen.
In drei Teilen schneiden und einen Zopf daraus formen.
Nochmals 20 Minuten gehen lassen. Mit etwas Milch
bestreiche und mit dem Zucker dekorieren. Etwa 40
Minuten bei 200 Grad backen.

Kartoffelbrot

Zutaten
350 g gekochte Kartoffeln,
1 Tl. Salz
1 Pck. Trockenhefe
1 TL Zucker
80 g Wasser
1 Prise Muskat
250 g Mehl
2 El Öl

Zubereitung
Die Kartoffeln müssen völlig kalt sein. In den Mixtopf
geben und auf Stufe 5/ 30 Sekunden zerkleinern. Die
übrigen Zutaten hinzugeben und auf Teigstufe 2 Minuten
kneten. Eine Kastenform einfetten und den Teig
hineindrücken. Eine Stunde an einen warmen Ort gehen
lassen. Den Backofen auf 180 Grad vorheizen und das
Brot ca. 1 Stunde backen.

Dinkel Kürbis Brötchen

Zutaten
120 g Dinkelmehl
500 g Weizenmehl
360 g Kürbis
40 g lauwarmes Wasser
1 Würfel Hefe
1 Teelöffel Zucker
2 Teelöffel Salz
1 EL Kürbiskernöl

Zubereitung
Den Kürbis in den Mixtopf geben und auf Stufe 10/ 1
Minute pürieren. Die übrigen Zutaten hinzugeben und
nochmals 1 Minute auf Stufe 10. Nun auf Teigstufe 2
Minuten kneten.
Ein Backblech mit Backpapier belegen. Den Teig aus den
Mixtopf nehmen und 1 Stunde gehen lassen. Zu Brötchen
formen und auf das Blech geben. Nochmals 10 Minuten
gehen lassen. Bei 200 Grad ca. 20 bis 25 Minuten
backen

Eierlikör Kuchen im Glas

Zutaten
5 Eier
200 g Zucker
1 Pck. Vanillezucker
250 g Öl
150 g Eierlikör
100 g Sahne
250 g Mehl
1 Pck. Backpulver

12 Gläser für jeweils 240 ml Inhalt
etwas Butter und Semmelbrösel für die
Gläser

Zubereitung
Alle Zutaten in den Mixtopf geben. Auf Stufe 5/ 1
Minute rühren. Den Teig nach unten schieben und
nochmals 30 Sekunden auf Stufe 5 rühren. Die Gläser
mit Butter gut einfetten und mit Semmelbrösel einstreuen.
Nun die Gläser zur Hälfte mit Teig befüllen und auf das
Backblech stellen. Bei 180 Grad Ober und Unterhitze ca.
30 Minuten backen. Danach die Gläser sofort
verschließen. Der Kuchen hält sich nun ca. 3 Monate.

Weiße Schokolade Himbeere Rum Pralinen

Zutaten
600 g Weiße Schokolade
200 g Butter
20 g Sahne
100 g Himbeere Marmelade
1 Fläschchen Rumaroma
20 g Rum

Zubereitung
Alle Zutaten in den Mixtopf geben und auf Stufe 5/ 1
Minute zerkleinern. Jetzt alles 6 Minuten/ 60 Grad/ Stufe
3 schmelzen. In Pralinenformen füllen und 2 Stunden kalt
stellen. Guten Appetit!

114